EL EJÉRCITO

Maria Koran

EYEDISCOVER

Ve a **www.openlightbox.com** e ingresa el código único de este libro.

CÓDIGO DEL LIBRO

AVA78393

EYEDISCOVER te trae libros mejorados por multimedia que apoyan el aprendizaje activo.

Published by Lightbox Learning Inc.
276 5th Avenue, Suite 704 #917
New York, NY 10001
Website: www.openlightbox.com

Library of Congress Control Number: 2021950771

ISBN 978-1-7911-4377-0 (hardcover)

Printed in Guangzhou, China
1 2 3 4 5 6 7 8 9 0 25 24 23 22 21

122021
102521

English Editor: John Willis
Spanish Editor: Ana María Vidal
Designers: Mandy Christiansen and Sushant Deshpande
Spanish/English Translator: Translation Services USA

Lightbox Learning Inc. acknowledges Getty Images and iStock as the primary image suppliers for this title.

EYEDISCOVER proporciona contenido enriquecido, optimizado para el uso en tabletas, que complementa este libro. Los libros de EYEDISCOVER se esfuerzan por crear un aprendizaje inspirado e involucrar a las mentes jóvenes en una experiencia de aprendizaje total.

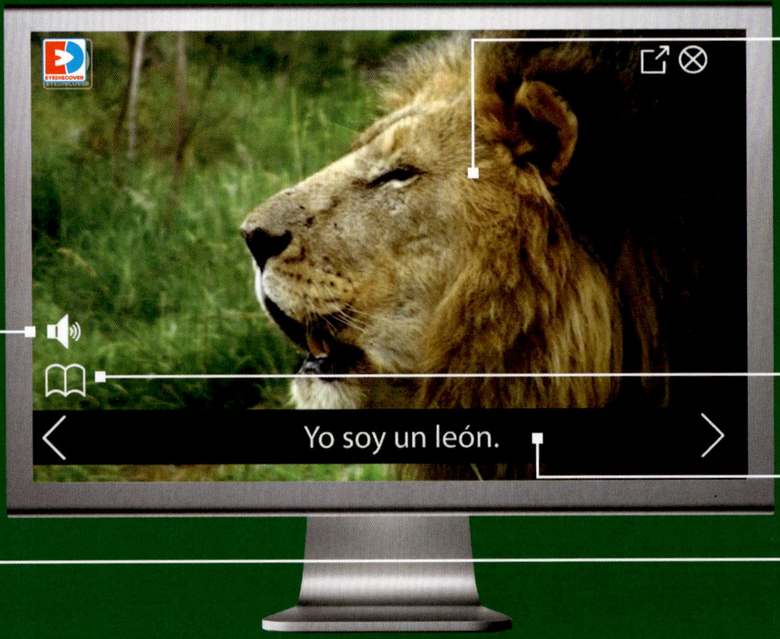

Mira
El contenido de video da vida a cada página.

Navega
Las miniaturas simplifican la navegación.

Lee
Sigue el texto en la pantalla.

Escucha
Escucha cada página leída en voz alta.

Tu EYEDISCOVER con Seguimiento de Lectura Óptico cobra vida con...

Audio
Escucha todo el libro leído en voz alta.

Video
Los videos de alta resolución convierten cada hoja en un seguimiento de lectura óptico.

OPTIMIZADO PARA
- TABLETAS
- PIZARRAS ELECTRÓNICAS
- COMPUTADORES
- ¡Y MUCHO MÁS!

EL EJÉRCITO

En este libro aprenderás

- qué es
- qué hace
- qué herramientas tiene

¡y mucho más!

Un ejército es un grupo de soldados. Su trabajo es proteger a un país.

El Ejército de Estados Unidos tiene más de 240 años. Es más viejo que el país al que protege.

8

Hoy, el Ejército de EE.UU. tiene cerca de 1,3 millones de miembros en servicio activo.

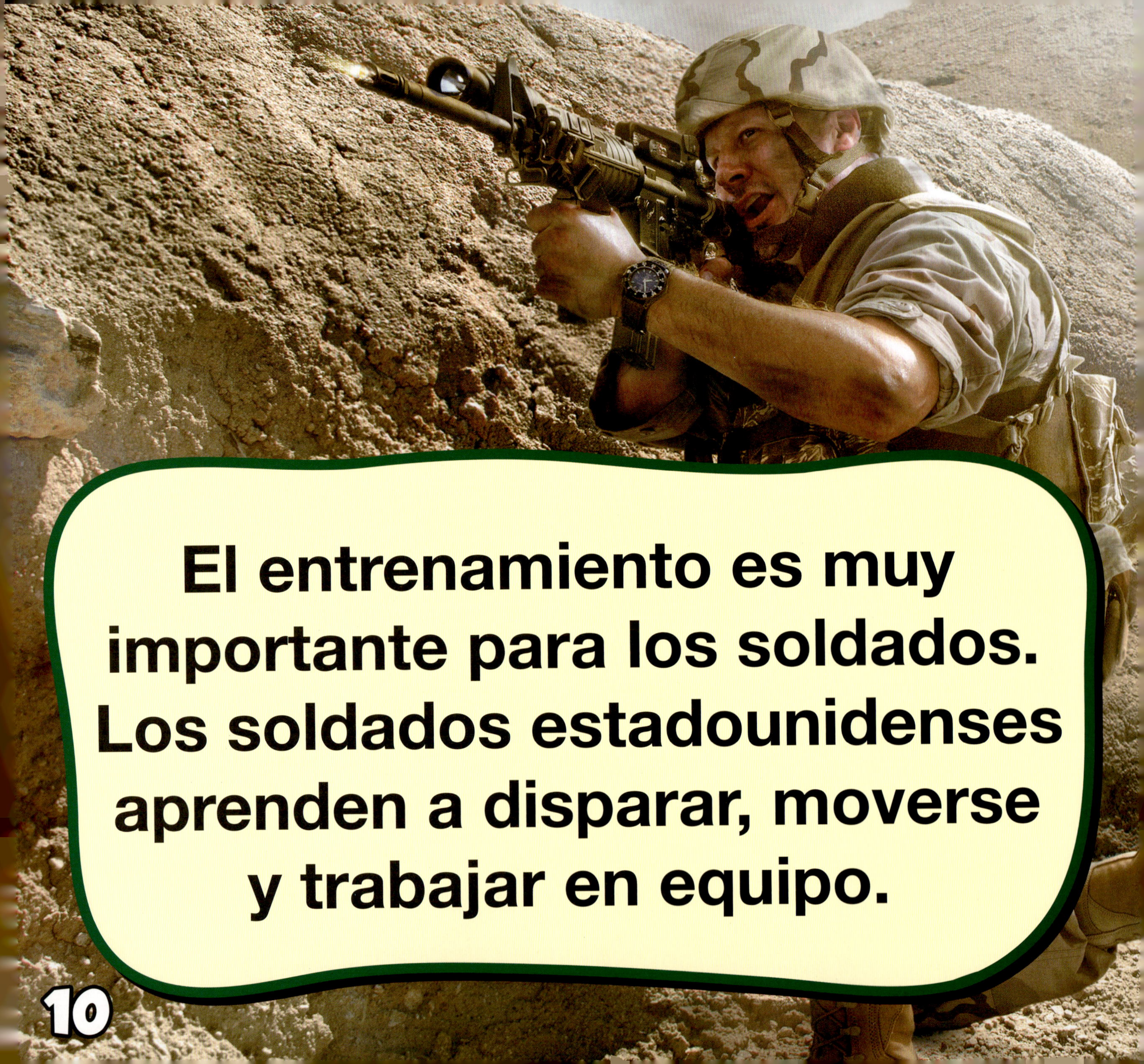

El entrenamiento es muy importante para los soldados. Los soldados estadounidenses aprenden a disparar, moverse y trabajar en equipo.

Los soldados usan uniformes. Con algunos uniformes, son más difíciles de detectar.

El Ejército estadounidense usa tanques. Su blindaje protege a los soldados.

El Ejército de EE.UU. tiene muchos helicópteros. Algunos se usan para ayudar a los soldados en tierra.

Otros helicópteros se usan para transportar herramientas de un lado a otro.

Los ejércitos defienden su país de diferentes formas. El Ejército de EE.UU. ayuda a la gente después de los desastres naturales.

EL EJÉRCITO EN NÚMEROS

El Ejército de EE.UU. se **creó oficialmente** el **14 DE JUNIO DE 1775.**

El ejército es el **segundo** empleador **más grande** de los Estados Unidos.

El Ejército de EE.UU. usa **mil millones** de galones de **combustible** por año. (3 800 millones de litros)

El **Ejército de EE.UU.** es el dueño de más de **15 millones** de acres de tierra (6 millones de hectáreas).

16 presidentes estadounidenses sirvieron en el ejército.

El gasto militar de los Estados Unidos supera los **$600 000 millones** por año.

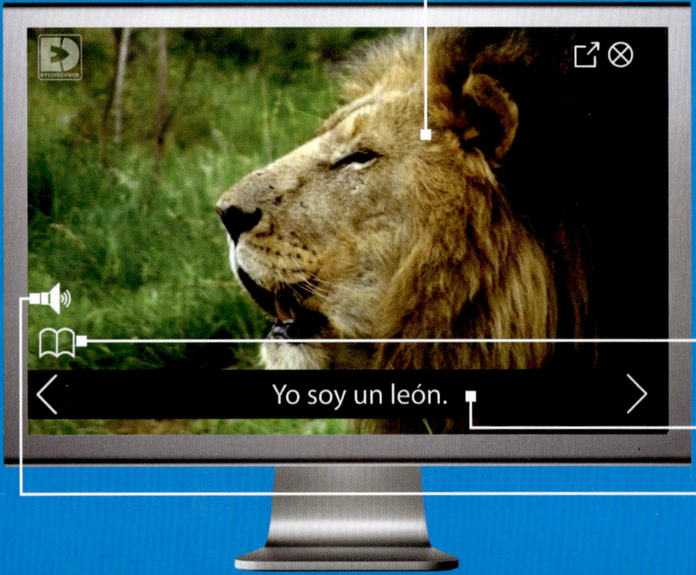

Mira
El contenido de video da vida a cada página.

Navega
Las miniaturas simplifican la navegación.

Lee
Sigue el texto en la pantalla.

Escucha
Escucha cada página leída en voz alta.

EYEDISCOVER

Ve a www.openlightbox.com e ingresa el código único de este libro.

CÓDIGO DEL LIBRO

AVA78393